L^s h
1560

EDMONDS-COLLIGNON

Sedan
trente ans après

PRIX : 75 CENTIMES

PARIS

ALPHONSE LEMERRE, ÉDITEUR

23-31, PASSAGE CHOISEUL, 23-31

M DCCCC

Sedan
trente ans après

EDMONDS-COLLIGNON

Sedan
trente ans après

PARIS

ALPHONSE LEMERRE, ÉDITEUR

23-31, PASSAGE CHOISEUL, 23-31

M DCCCC

Sedan trente ans après

Au sergent Hoff.

De Sedan, ce 1ᵉʳ septembre.

Il y a aujourd'hui trente ans que s'est produite la catastrophe dont tout patriote garde au cœur le douloureux souvenir. Cet anniversaire a attiré ici beaucoup d'étrangers venus pour voir, ou pour revoir, l'endroit si tristement célèbre où en l'année terrible a sombré comme dans un gouffre la fortune de la France. Heureusement la fortune d'une nation, comme toute commune fortune, se réédifie par le travail, avec le temps.

Plusieurs de mes amis ont bien voulu me demander de les accompagner et d'être leur guide dans une visite à ce champ de bataille de Sedan si vaste et si accidenté, que je connais bien pour l'avoir parcouru souvent.

Ce matin, de très bonne heure, nous nous sommes mis en route, nous dirigeant vers le mont Frénois d'où l'on découvre aussi bien que possible toute la campagne environnante. C'est de ces hauteurs que le roi de Prusse suivit les péripéties du combat. La colline est verdoyante. Bien que cet autre Attila l'ait foulée en tous sens, l'herbe a repoussé où son cheval a passé.

Au moment où nous atteignons le mont Frénois, un de nos compagnons tire sa montre et constate qu'il est cinq heures, — cinq heures du matin, 1er septembre. — Il y a donc juste trente ans, pas une minute de plus ni de moins, que du haut des montagnes qui nous entourent partaient les premiers coups de canon. L'attaque, tout de suite acharnée, commençait à Bazeilles que nous apercevons devant nous, un peu à droite. A nos pieds s'étend la ville de Sedan, se découpant toute blanche sur l'ombre des coteaux boisés qui dérobent à nos yeux le funèbre Fond-de-Givonne, d'où tant de râles sont sortis. Floing, Illy, Iges, Saint-Menges sont à gauche. Là, entre ces deux premiers villages, se tenait en réserve pendant l'action la cavalerie du général Margueritte. Plus loin, formant comme le décor du fond de cette immense scène sur laquelle s'est joué le drame sanglant, la forêt de Bouillon, épaisse et profonde, délimite la frontière.

La bataille de Sedan a été si souvent décrite que la

raconter encore pourrait paraître oiseux. On sait qu'elle fut une surprise pour nos soldats, qui montrèrent tant d'héroïsme en luttant contre des ennemis trois fois plus nombreux, disposant d'une artillerie formidable, et commandés par des chefs dont la froide tactique utilisa si adroitement tous ces avantages.

Le voyageur qui s'arrête à Sedan, après avoir embrassé d'un coup d'œil l'étendue du terrain sur lequel les armées ont manœuvré, a hâte de se rendre aux endroits dont l'histoire distingue les noms à cause des épisodes auxquels ils ont été mêlés. Nous allons visiter quelques-uns de ces endroits.

Commençons par Bazeilles, le plus connu certainement d'entre ceux-là.

* *

Bazeilles, occupé comme il l'était le matin du 1ᵉʳ septembre 1870 par une division de notre meilleure infanterie, formait un puissant obstacle à la jonction définitive des troupes allemandes; or, la réussite de cette jonction devait avoir comme effet de barrer la route de Montmédy à notre armée et de l'empêcher d'opérer une retraite de ce côté, le seul par où il lui eût été encore possible d'échapper, la route de Mézières lui ayant été fermée la veille. L'occupation de cette position présentait donc pour les Allemands une importance pour ainsi dire décisive ; aussi firent-ils de grands efforts pour en déloger nos soldats, qui la défendirent avec une opiniâtreté, un courage au-dessus de tout éloge. L'assaut de l'ennemi toujours renouvelé, toujours grossissant, dura jusqu'au soir.

On se battit dans les prés, dans les jardins, dans les maisons. Le village brûlait ; la crépitation de l'incendie se confondait avec celle de la fusillade.

Les Allemands n'entrèrent dans Bazeilles en cendres qu'après que la capitulation générale eut désarmé ceux qui avaient reçu la glorieuse mission d'en défendre l'entrée.

Sur le monument élevé sur la place même de Bazeilles, sont gravés en lettres d'or les noms de beaucoup de ses défenseurs tombés là. Si nous n'y trouvons pas ceux de tous les braves qui succombèrent, nous connaissons du moins les numéros des régiments qui les ont comptés au nombre des leurs, et nous pouvons, lorsque nous rencontrons ces régiments, saluer leurs drapeaux avec fierté !

Bazeilles, tel qu'il est aujourd'hui, est donc un village presque entièrement reconstruit.

Nous y voici arrivés.

A l'entrée nord, sur la gauche du chemin qui le traverse, s'élève une maison de modeste apparence : c'est la maison Bourgerie. La façade est criblée de balles et d'obus. Nous franchissons le seuil et pénétrons dans la première pièce du rez-de-chaussée, où l'on voit, peinte sur panneaux, une vue des environs pendant la bataille. Dans la pièce contiguë est le musée. C'est une collection d'armes, d'armures et de projectiles de toutes sortes recueillis après le combat. Quelques petits tonneaux aux couleurs françaises, de ces tonneaux qu'avaient à leur côté nos cantinières d'autrefois, sont suspendus aux panoplies. — Hélas! que sont devenues les vaillantes femmes qui les ont portés!

La visite du musée terminée, nous montons au premier étage et entrons dans une salle assez spacieuse, aux murs noircis par la fumée. C'est là qu'eut lieu la scène reproduite par de Neuville dans son tableau : *Les dernières cartouches*. Le plafond est crevé et laisse échapper son plâtras. Une horloge qui fait face à l'entrée a reçu une balle qui l'a brisée : elle s'est arrêtée à onze heures trente. Du côté opposé est l'armoire contre laquelle le commandant Lambert, blessé, se tenait appuyé pour diriger les derniers coups de feu des quelques soldats restés debout autour de lui. Voici enfin la fenêtre qui donne sur le jardin d'où les Prussiens, massés, mitraillaient la maison qui ne voulait pas se rendre; c'est de cette fenêtre qu'ont été tirées les dernières cartouches. Sauf les acteurs de la terrible scène, rien de ce qui l'a vu se produire n'est absent de cette chambre d'où l'on sort profondément ému.

Mais qu'est ce spectacle, comparé à celui que nous réserve la visite de la crypte que l'on atteint quand on a traversé d'un bout à l'autre le cimetière du village. La crypte de Bazeilles, c'est l'ossuaire du champ de bataille de Sedan. Là ont été réunis, après avoir été enduits de chaux vive, les restes informes des soldats des deux armées. Deux grandes allées souterraines, à peine éclairées, les abritent.

C'est un amas de crânes et d'ossements d'où l'on distingue, çà et là, un tibia encore logé dans une botte éperonnée, une main desséchée retenue crispée sur la poignée d'un sabre, la tête d'un turco, comme momifiée dans sa peau basanée qui, en dépit du temps, a conservé les poils d'une fine moustache. On ne marche dans l'étroit passage que sur la pointe du pied, dans la crainte qu'on a de voir se dresser tous ces morts subitement réveillés, et l'on retient son souffle, comme pour ne pas aspirer de ce fouillis de cadavres émiettés les émanations qu'en fait sortir l'illusion du sens. Devant ces restes humains qu'il vous semble voir tressaillir dans les convulsions dernières; en présence de ces têtes grimaçantes et de la fixité de tous ces regards sans yeux, on frémit d'horreur et l'on se sent monter au front la sueur glacée des plus noires hallucinations.

* * *

Mes amis et moi, nous quittons Bazeilles. Une allée à droite va nous conduire à la *Briqueterie;* nous nous y engageons.

Encore sous le coup de la poignante émotion qu'ils

viennent de ressentir — c'est la première fois qu'ils visitent ces lieux funèbres — mes compagnons vont silencieux, en proie à une mélancolie que le grand air qui nous arrive à travers les buissons qui nous donnent aussi leur ombrage, finit par dissiper peu à peu.

Après avoir marché pendant une demi-heure, nous nous arrêtons devant une habitation isolée qui borde la route de Bouillon. Mais, ici encore, nous allons fouler des tombeaux.

La maison que nous avons devant nous a été le centre d'un combat furieux dans lequel deux bataillons français mirent en pièces tout un régiment prussien.

L'ennemi qui venait par les bois pour essayer de nous surprendre, comme toujours, ne se doutait pas, qu'avertis de sa marche en avant, nos soldats l'attendaient, le fusil chargé, blottis dans les cavités du chemin. Au moment où les Allemands débouchèrent des bois, les bataillons français firent feu et se jetèrent, baïonnette en avant, sur l'ennemi qui, décimé et mis en désarroi par la décharge à bout portant qu'il venait d'essuyer, ne put éviter le choc. Pendant près d'une heure, on se battit là, corps à corps. La chaussée et ses abords étaient jonchés de cadavres et ruisselaient de sang. Ce qui resta debout des trois mille hommes du régiment prussien fut fait prisonnier.

Un aimable vieillard qui, du fond de son habitation où il s'était réfugié avec sa famille, avait assisté à cette tuerie et y avait échappé, comme par miracle, m'en a souvent retracé le tableau. Ce vieillard, qui est mort aujourd'hui, ne parlait pas de cette scène de carnage sans qu'on ne vît aussitôt, par une sorte de recrudescence de l'effroi et de l'horreur éprouvés, ses yeux lancer des éclairs et son corps s'agiter violemment.

C'est dans la maison de ce brave homme, dont on aimait à recueillir les souvenirs si précis, que je vis pour la première fois le peintre Alphonse de Neuville ; il venait à Sedan pour mûrir sur place les sujets d'œuvres qui devaient faire suite à ses célèbres *Dernières cartouches*: la fin prématurée du grand artiste a laissé ces œuvres à l'état d'ébauches.

Pour conserver le souvenir du fait d'armes que je viens de rappeler, on a élevé un monument massif, assemblage de larges pierres sur lesquelles les visiteurs, par centaines, ont écrit leur nom en passant.

C'est à quelques pas de ce monument que l'on rencontre l'arbre, le peuplier devenu historique, au pied duquel le maréchal de Mac-Mahon fut porté après qu'il eut reçu sa blessure. Nous sommes à *La Briqueterie*. De ce point on découvre la vallée que la Meuse baigne en serpentant. C'est ici même que se tint, pendant une partie de la matinée du jour fatal, l'empereur Napoléon III ; c'est ici que le général de Wimpfen, vaincu mais non désespéré, vint lui proposer de se montrer à ses troupes et de se mettre à leur tête pour tenter une trouée sur Carignan où la lutte nous laissait encore l'avantage. On sait quelle réponse fit à Wimpfen l'empereur qui venait d'avoir un officier de son escorte tué à ses côtés : « qu'il avait faim et qu'il voulait rentrer à Sedan pour déjeuner. »

Les soldats, qui s'étaient déjà battus la veille, n'avaient pas mangé depuis deux jours et le général de Wimpfen lui-même, — un historien de la guerre, Jules Claretie, l'affirme, — ne devait manger de toute la journée *qu'une carotte arrachée dans un champ.*

Devant nous, sur une montagne élevée, nous apercevons le château de Vendresse; là logeait le roi de Prusse. Plus bas et plus à droite est Bellevue, un autre château; c'est là que Napoléon vint rendre son épée au vainqueur. Du côté opposé, à l'est, sont des hameaux qui ont vu la lutte dans toute sa fureur; c'est la Moncelle, c'est Daigny, c'est Givonne, où la garde royale prussienne perdit tant d'hommes dans l'attaque du centre de nos positions que protégeaient les sinistres mitrailleuses, la seule chose de cette guerre, on l'a dit, qui ne nous ait pas trompés.

***

Nous allons maintenant retraverser Sedan, du faubourg sud au faubourg nord et gravir les montagnes qui dominent la place de ce dernier côté. Pour y arriver nous avons à franchir près de cinq kilomètres; aussi cette longue marche sera-t-elle la dernière que nous ferons sur le champ de bataille.

Dans Sedan même, nous ne nous arrêtons sur la place Turenne, peu éloignée de l'hôtel de la sous-préfecture qui reçut l'empereur Napoléon III, que pour nous rappeler les paroles attristées de Victor Hugo faisant allusion au drapeau blanc; « le drapeau du déshonneur », se montrant tout à coup sur le rempart de la ville.

« ... Il y avait là Turenne et Vauban, tous deux présents, l'un par sa statue, l'autre par sa citadelle. La statue et la citadelle assistèrent à la capitulation épouvantable. Ces deux vierges, l'une de bronze, l'autre de granit, se sentirent prostituées.

« O face auguste de la patrie! O rougeur éternelle! »

Nous atteignons enfin les monts qu'on nomme Illy, Floing et Saint-Menges et dont le plus élevé est celui d'Illy.

Pendant la nuit qui précéda la bataille, les Allemands s'en était emparés, sans qu'on eût songé à le leur disputer, et ils y avaient établi leurs batteries.

L'aurore paraissait à peine, qu'une pluie de fer s'abattait de ces hauteurs sur nos troupes littéralement tirées du sommeil par l'attaque soudaine. — Il ne faut pas oublier que par le fait d'une imprévoyance impardonnable de la part de nos commandants, les environs du camp n'avaient pas été éclairés, qu'aucune grand'-garde n'avait été apostée, et que ce jour avait été désigné — dérision du sort — comme un jour de repos pour toute l'armée française. — Nos soldats, si brusquement réveillés, coururent aux faisceaux, se mirent en ligne et ripostèrent par une fusillade impuissante, presque inutile. L'infanterie prussienne, couchée devant les canons, regardait l'artillerie « travailler ». Le massacre dura plusieurs heures. Lorsque l'ennemi, pour achever l'œuvre de destruction commencée par ses obus, voulut jeter sur nos rangs entamés sa nombreuse infanterie, jusqu'alors immobile, la division de cavalerie Bonnemain et Margueritte, qui se trouvait en réserve dans les clairières des bois voisins, s'élança sur elle pour la contenir.

Nos cavaliers, enveloppés de toutes parts et fusillés, dit un rapport prussien, « par des feux tranquilles et bien ajustés », durent s'arrêter. Plusieurs fois, ils revinrent en arrière pour reformer leurs rangs, qu'ils précipitaient aussitôt sur la masse vivante. Cette charge épique nous coûta quinze cents hommes et autant de chevaux, et c'est là que fut tué à la tête de ses escadrons, d'une balle qui lui traversa la gorge, l'intrépide général Margueritte.

Nous sommes ici, je viens de le dire, au point culminant de la montagne. De ce point, nous revoyons les endroits que nous avons visités depuis le matin. Frénois à droite, la Briqueterie à gauche, puis Daigny, la Moncelle et Givonne ; au fond et en contre-bas, est Bazeilles. Non loin de nous, presque à nos pieds, s'étend la presqu'île d'Iges où furent gardés à vue, après la capitulation, en attendant qu'on les dirigeât sur l'Allemagne, les quatre-vingt mille soldats de notre armée livrée. Les malheureux, à qui l'on avait arraché leurs armes, restèrent là huit jours, sans tentes, sans abris, presque sans nourriture, abandonnés aux humiliations brutales des vainqueurs...

*
* *

Aujourd'hui, après trente ans, le champ de bataille de Sedan, observé d'ensemble, présente un aspect riant, et les souvenirs qui se rattachent à la catastrophe qui l'a traversé, semblent être des souvenirs très lointains. Le temps qui s'est écoulé à rétabli l'ordre de la nature dans tous ces lieux qui furent arrosés de tant de sang, emplis de tant de gémissements désespérés. Les villages ont été reconstruits et les plaines nivelées sous la charrue persévérante; la Meuse, qui roula pendant trois jours, toute rouge, coule limpide dans son lit bordé d'algues fleuries; les bois touffus, d'où les oiseaux, épouvantés, avaient fui, sont pleins de chansons joyeuses, et les flancs des coteaux, dans lesquels on creusa les tombes, montrent des prairies vertes, abondantes, où l'on voit les bœufs à l'œil doux paître en liberté.

Paris. — Imp. A. LEMERRE, 6, rue des Bergers. — O.-3531.

www.ingramcontent.com/pod-product-compliance
Lightning Source LLC
Chambersburg PA
CBHW060637050426
42451CB00012B/2632